ET LE MOYEN-ORIENT

LES CARNETS DE ROUTE DE TINTIN

une collection conçue et animée par Martine Noblet

Les films du sable *remercient de leur participation à cet ouvrage les photographes de* ***Connaissance du monde*** *suivants : Christian Monty, Paul-Jacques Callebaut, Alain Saint-Hilaire, Olivier Berthelot, Jacques Cornet.*

Les auteurs remercient de leur collaboration : M. Chauvet, C. Deltenre et C. Erard.

CRÉDITS PHOTOS

Toutes les photographies ont été prises par C. Monty, sauf les suivantes :

— p. 11 (bas), p. 13 (bas à droite), p. 15, p. 17 (haut à gauche), p. 19, p. 21 (bas), p. 25 (bas), p. 27 (bas), p. 31 (bas), p. 35 (bas à gauche), p. 39 (bas à droite) : O. Berthelot/Films du sable
— p. 33 (haut), p. 57 (à gauche), p. 63, p. 65 (haut), p. 75 (haut), p. 67, p. 69 : P.-J. Callebaut
— p. 23 : coll. privée M. Chauvet
— p. 39 (à gauche), p. 53 (haut et bas à gauche) : A. Saint-Hilaire
— p. 65 (bas) : Photonews
— p. 57 (bas à droite) : Réunion des Musées nationaux

L'ÉGYPTE
ET LE MOYEN-ORIENT

texte : Daniel De Bruycker, Maximilien Dauber

casterman

http://www.casterman.com
ISBN 2-203-05238-4

Imprimé en Belgique par Casterman, S.A., Tournai - Dépôt légal : septembre 1999 ; D. 1999/0053/227
Déposé au ministère de la Justice, Paris (loi n° 49.956 du 16 juillet 1949 sur les publications destinées à la jeunesse).

Tintin a mon âge. J'ai grandi avec lui mais lui n'a pas vieilli. C'était pendant la guerre que je l'ai connu, à une époque où les soirées étaient longues et froides. Mais il y avait nos héros pour nous réchauffer le cœur : Tintin, Tarzan, Mickey et les autres.

Moi je n'étais pas de ces héros, mais comme tous les garçons de mon âge, j'ai rêvé d'en être un. Tintin accomplissait des exploits à ma place. Il m'ouvrait des mondes que je pouvais à peine imaginer et dont on ne parlait qu'à demi-mot : le Congo belge où bien souvent était resté un parent, l'Egypte des pharaons qu'évoquait le maître d'école dans ses leçons d'histoire, l'Amérique dont nous regardions les avions passer dans le ciel. Tout cela avait un mélange d'aventures et de liberté. Depuis, j'ai marché dans les pas de mon héros et je crois que j'aurais beaucoup de chagrin si je devais l'oublier.

PAUL-JACQUES CALLEBAUT

L'antique lanterne magique d'un patronage parisien ponctua en noir et blanc mes premières rencontres avec Tintin. Mon imagination travaillait ferme. D'une semaine à l'autre, j'attendais les aventures du reporter astucieux, débrouillard, plein de ressources, incarnant une vision du monde qui était le reflet de son époque.

La disparition du marionnettiste qui l'animait, le figea pour l'éternité dans sa série d'aventures. Et pourtant, Tintin n'a pas d'âge. Il aurait pu sans aucun doute poursuivre son récit avec la même verve et le même piquant dans notre monde d'aujourd'hui. Car Tintin n'est pas et n'a jamais été un nostalgique du passé. J'en suis d'autant plus convaincu que bien des années après lui, j'ai rencontré en Arabie et au Moyen-Orient les personnages avec lesquels il a vécu. Comme lui, j'ai été fasciné par le mystère du trésor de Toutankhamon, les facéties des princes de l'or noir et, plus sérieusement, par les imbroglios politico-religieux qui secouent le Moyen-Orient.

ALAIN SAINT-HILAIRE

SOMMAIRE

les mots en caractères **gras** dans le texte renvoient au glossaire page 70

1

POURQUOI DIT-ON QUE L'ÉGYPTE EST UN DON DU NIL ?

L'Egypte rassemble deux pays très différents en un seul. Le premier, bien plus grand que la France, est un désert inhabité. L'autre est un long ruban de terre fertile : la vallée du Nil, où vivent les Egyptiens.

Cernée par les immensités stériles du Sahara, l'Egypte fait davantage partie de l'Orient et du monde méditerranéen que de l'Afrique. Le fameux "**Croissant fertile**" qui, dans l'Antiquité, fut le berceau des premières civilisations occidentales, allait des bords du Nil à la **Mésopotamie**.

Sans le Nil, jamais l'Egypte n'aurait pu nourrir une population **sédentaire**, tant le climat y est brûlant et les pluies quasi inexistantes. De plus, chaque été, le fleuve gonflé par les pluies d'Afrique centrale entrait en crue et inondait toute sa vallée. Il humidifiait ainsi le sol en profondeur et laissait, en se retirant, une couche de boue fertile, le limon.
Les Egyptiens ont très tôt appris à canaliser ces débordements et à retenir une partie des eaux en crue. Déjà au temps des Pharaons, un canal les déversait dans le lac Fayoum près du Caire. Mais la survie des Egyptiens restait précaire, à la merci de crues tantôt trop faibles, tantôt trop abondantes.

Depuis 1964, on ne laisse plus le Nil noyer sa vallée. Ses eaux, retenues en amont par le colossal **barrage d'Assouan**, sont redistribuées tout au long de l'année pour irriguer les champs. Hélas, le barrage arrête aussi les boues fertilisantes qu'apportait le fleuve et le sol s'appauvrit peu à peu, obligeant les paysans à utiliser l'engrais chimique.

2 QUI SONT LES FELLAHS ?

Les fellahs sont les paysans qui, depuis l'Antiquité, constituent l'essentiel de la population égyptienne. Aujourd'hui plus de la moitié des 50 millions d'Egyptiens vivent encore à la campagne.

Les fellahs ressemblent encore à leurs lointains ancêtres dont les silhouettes ornent les murs des temples et des tombeaux de l'Egypte antique. Hélas, leur mode de vie n'a guère changé. Aujourd'hui, comme il y a 5000 ans, le fellah reste un paysan pauvre, louant un lopin de terre qu'il cultive selon des méthodes ancestrales. Il lui reste à peine de quoi nourrir sa famille après que le propriétaire a perçu une part, souvent élevée, de la récolte de coton, de canne à sucre, de riz, de maïs ou de blé. Incapable d'acheter des machines agricoles modernes pour alléger son labeur et améliorer le rendement de son champ, il lui est également difficile d'assurer une meilleure éducation à ses enfants qui risquent à leur tour d'être condamnés à vivre cette situation précaire.

L'avenir du paysan égyptien est d'autant plus difficile qu'en un siècle la population du pays a été multipliée par huit et qu'elle continue à s'accroître rapidement. Sur le territoire exigu des terres habitables, la densité de la population atteint treize fois celle de la France. Aussi, nombre de paysans quittent-ils la campagne pour aller grossir la population des villes déjà surpeuplées. Le Caire compte douze millions d'habitants et la pénurie de logements est telle que certains en sont réduits à s'installer dans le quartier des vieux cimetières, connu sous le nom de la Cité des Morts.

3 QUI FURENT LES PHARAONS ?

Pour les anciens Egyptiens, le pharaon était un dieu, un fils du Soleil. Après sa mort, il s'en allait rejoindre les autres dieux maîtres de l'univers, tandis que son fils ou successeur désigné prenait la tête de l'Egypte.

Il y a près de 5000 ans, les petits royaumes disséminés sur les rives du Nil furent réunis en une seule nation, sous l'autorité du premier pharaon de la première des trente dynasties que compte l'Egypte. De Narmer à Nectanébo, en passant par les pharaons les plus célèbres : Chéops, Aménophis, Touthmôsis, Ramsès, Toutânkhamon, les reines **Hatchepsout** et **Néfertiti**, il s'écoulera autant de temps qu'entre la fondation de Rome et notre époque...

Ces grands souverains ont laissé d'impressionnants monuments, tombeaux et temples immenses, flanqués d'**obélisques**. Leurs capitales, d'abord Memphis (près du Caire), puis Thèbes, devenue Louxor, ont depuis l'Antiquité étonné les voyageurs par la taille et l'harmonie de leur architecture. De même les statues colossales qui montent la garde sur les bords du Nil ou les prodigieuses pyramides qui frappent toujours l'imagination.

Mais la longue histoire de cette grande nation est aussi remplie de troubles, de conquêtes et de défaites, de divisions et d'affrontements entre la Haute-Egypte, au sud du Nil, et la Basse-Egypte, dans le delta du fleuve. Nombreux furent les traîtres et les usurpateurs qui fomentèrent des intrigues de palais, sur fond de lutte acharnée entre les pharaons et leur entourage de prêtres.

4

À QUOI ÉTAIT DESTINÉE UNE PYRAMIDE ?

Dès les premières dynasties, les Egyptiens s'interrogèrent sur le devenir de leur âme après la mort. Des pyramides de Gizeh aux caveaux de la Vallée des Rois, à Thèbes, les plus célèbres monuments sont avant tout des tombeaux.

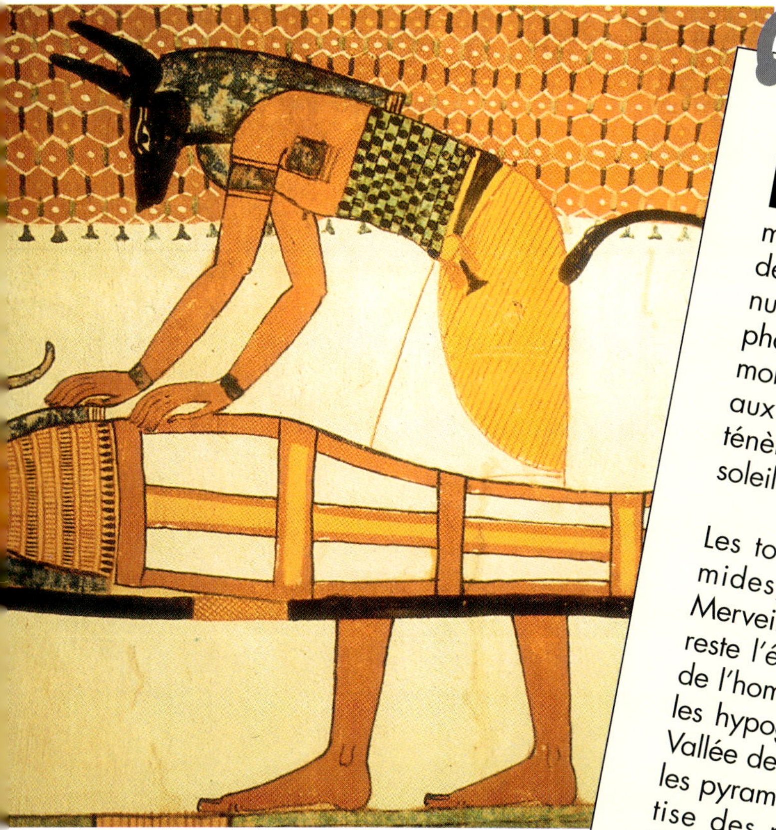

DANS l'Egypte ancienne, les funérailles étaient un rite très complexe. Selon le rang et la fortune du défunt, on embaumait plus ou moins convenablement son corps. Trempé dans du **natron** pour y être desséché puis enveloppé de bandelettes, le corps, devenu momie, était posé dans un lourd cercueil ou sarcophage. Les prêtres, de leur côté, récitaient le "Livre des morts", expliquant à l'âme du défunt comment échapper aux embûches et démons qui peuplent le monde des ténèbres pour rejoindre la vie éternelle, à l'image du soleil renaissant chaque matin.

Les tombeaux les plus impressionnants sont les pyramides, qui figurent dès l'Antiquité parmi les Sept Merveilles du monde. La pyramide de Chéops à Gizeh reste l'édifice le plus massif qu'ait jamais élevé la main de l'homme. Plus discrets mais non moins fascinants sont les hypogées, les tombeaux souterrains creusés dans la Vallée des Rois et admirablement décorés. Cependant ni les pyramides ni les caveaux n'ont échappé à la convoitise des pilleurs de tombeaux. Quand on sait que **Toutânkhamon**, dont la tombe a livré aux archéologues un fabuleux trésor, ne fut que l'un des rois les moins puissants, on imagine les merveilles qui sont jadis tombées aux mains des voleurs...

5 QU'APPELLE-T-ON UN HIÉROGLYPHE ?

Les hiéroglyphes, ou "gravures sacrées", sont l'une des premières formes d'écriture de l'humanité. A la manière d'un rébus, ils associaient des images pour représenter à la fois des objets, des idées, des personnages ou des actions.

POUR bien écrire, il fallait savoir utiliser et combiner plus de 700 signes. C'était un travail très difficile car chaque hiéroglyphe peut avoir plusieurs sens : parfois, il symbolise très clairement un mot, mais il peut aussi décrire une action ou représenter un son...

Les textes écrits selon ce système complexe étaient devenus illisibles après le temps des pharaons. Ils furent décryptés par un savant de génie : un jeune Français, **Champollion**, qui étudia les vestiges ramenés par Napoléon après sa campagne d'Egypte. La fameuse pierre de Rosette, une stèle où le même texte était gravé à la fois en hiéroglyphes, en égyptien tardif, le **démotique**, et en grec fut la clé qui lui permit de percer le secret de cette écriture mystérieuse.

Beaucoup de textes de l'Egypte antique ont été retrouvés et traduits dans les langues modernes. Ainsi de merveilleux poèmes, des maximes pleines de sagesse, des prières chargées d'espoir ou de simples recettes de cuisine, sont désormais accessibles par-delà les millénaires qui nous séparent de leurs auteurs. Ces textes étaient peints ou gravés sur les murs des tombeaux et des temples. Ils étaient aussi transcrits par les **scribes** sur des rouleaux de papyrus, une sorte de papier fait de fines bandes d'un roseau qui pousse sur les berges du Nil.

6 COMMENT CONNAÎT-ON SI BIEN L'ÉGYPTE ANCIENNE ?

Nous sommes assez bien renseignés sur les Egyptiens de l'Antiquité grâce à leurs écrits, aux objets qu'ils enterraient avec leurs morts, aux sculptures et aux fresques qui ornent temples et tombeaux.

Les objets usuels (vases, mobilier) déposés dans les tombeaux égyptiens et les représentations peintes de la vie quotidienne étaient censés procurer au défunt ce qui l'avait entouré pendant toute sa vie et dont il avait besoin pour son existence dans "l'autre monde". On y reconnaît aisément les activités domestiques, les instruments agricoles et les plantes cultivées d'autant que tout ou presque, existe encore dans la vie égyptienne actuelle.

Dans les temples, les images des dieux avoisinaient souvent celles des pharaons, glorifiant leurs scènes de batailles. Ces dieux sont régulièrement représentés avec une tête d'animal : faucon pour Horus, chacal pour Anubis, ibis pour Thot, crocodile pour Sobek. De tels animaux, consacrés aux dieux, étaient honorés et même embaumés.

Parmi les plus importantes divinités, le dieu soleil Rê était le protecteur des pharaons. Puis venait Nout, la déesse du ciel, Isis, protectrice de la mère et de l'enfant, et Osiris, le dieu des morts. Dans les sanctuaires évoluaient une multitude de prêtres très influents sur la société égyptienne grâce à leur savoir. Ils pouvaient être scribes, médecins, astronomes, architectes ou embaumeurs.

7

QUI FURENT LES PREMIERS ÉGYPTOLOGUES ?

Les savants grecs se passionnaient déjà pour les monuments prestigieux de la civilisation égyptienne. Mais ce n'est qu'au siècle dernier, avec Champollion et Mariette, que l'étude de l'Egypte ancienne devint une véritable science.

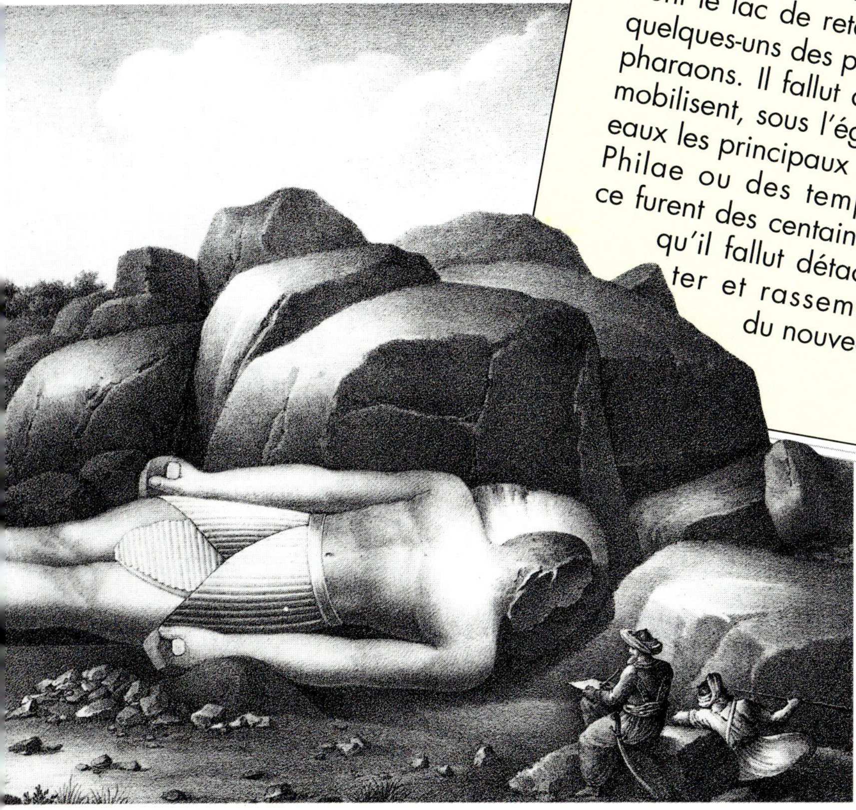

L'**ÉGYPTOLOGIE** n'est pas un métier de tout repos. Beaucoup de monuments, lorsqu'ils n'ont pas été engloutis par le sable, ont été endommagés par les tremblements de terre ou les destructions des Egyptiens eux-mêmes. En outre, au XIXe siècle, certains vestiges pesant parfois plusieurs dizaines de tonnes ont été démontés et emportés pour orner les musées ou les places publiques des grandes capitales européennes.

Il y a aussi le zèle inlassable des pilleurs de tombeaux. Ces derniers, déjà très actifs à l'époque des pharaons, déjouaient la surveillance des gardes installés pour protéger les sépultures afin de s'emparer des parures d'or finement ciselées et de les fondre en vulgaires lingots, plus faciles à écouler. Aujourd'hui encore, un trafic d'antiquités existe, entretenu par des collectionneurs peu scrupuleux, véritable plaie pour les chercheurs et les Egyptiens eux-mêmes.

Mais le plus grand défi qu'ont affronté les égyptologues fut la construction du haut barrage d'Assouan dont le lac de retenue (le lac Nasser) devait engloutir quelques-uns des plus prestigieux vestiges du temps des pharaons. Il fallut que les savants du monde entier se mobilisent, sous l'égide de l'**Unesco**, pour sauver des eaux les principaux monuments. Dans le cas de l'île de Philae ou des temples colossaux d'Abou Simbel, ce furent des centaines de milliers de tonnes de roche qu'il fallut détacher de leur socle puis transporter et rassembler plus haut sur les berges du nouveau lac.

8 D'OÙ VIENT LE NOM D'ALEXANDRIE ?

Alexandre le Grand, roi de Macédoine, mit fin à la puissance des pharaons en 330 avant J.-C. et fonda dans le delta du Nil une nouvelle capitale : Alexandrie.
C'est aujourd'hui encore la deuxième ville d'Egypte.

ALORS que les anciennes cités construites par les pharaons s'éteignaient, Alexandrie devint, à l'époque des Grecs puis des Romains, le centre mondial de la science et de la culture. Dans sa fameuse bibliothèque, la plus riche de l'époque, étudiaient des savants comme Euclide, fondateur de la géométrie et les premiers philosophes chrétiens.

Cette vie intellectuelle s'épanouissait dans une ville commercialement très active. La célèbre tour de Pharos, une des Sept Merveilles du monde, était surmontée la nuit d'un feu et guidait les navires à bon port. C'est de son nom que vient le mot *phare*.
Les pillages, l'incendie de la grande bibliothèque et l'invasion arabe mirent fin à cette période glorieuse.
Mais au siècle dernier, sous l'impulsion du vice-roi Muhammad Ali, Alexandrie sortit d'un sommeil plus que millénaire pour redevenir le premier port d'Egypte et une importante métropole commerciale. Orientaux et Européens s'y partageaient la prospérité qu'engendra notamment l'ouverture du canal de Suez.

Ce canal, qui relie la Méditerranée à la mer Rouge, permet aux navires d'aller d'Occident en Orient sans contourner l'Afrique. Aujourd'hui encore, 124 ans après son percement par Ferdinand de Lesseps, cette voie d'eau stratégique donne à l'Egypte un statut particulier dans le trafic maritime mondial.
Alexandrie, qui bénéficie d'un climat moins chaud et plus humide que le reste du pays, est aussi la station balnéaire favorite des Egyptiens qui se détendent sur ses plages, dans les casinos et les cabarets.

9 QUI FURENT LES REINES CÉLÈBRES DE L'HISTOIRE ÉGYPTIENNE ?

Avant l'arrivée de l'Islam au VIIe siècle, plusieurs femmes jouèrent un rôle important dans l'histoire du pays. Hatchepsout, Néfertiti et Cléopâtre sont les plus connues d'entre elles.

Cléopâtre, épouse du dernier roi Ptolémée, était une femme très belle. Ayant séduit César, puis son rival Antoine, elle ne put cependant empêcher l'Egypte de tomber aux mains de Rome, après la défaite navale d'Actium en 31. La domination romaine qui succède à la présence grecque marque le début d'une période agitée. Devenue le joyau de l'Empire romain, puis un des premiers bastions du christianisme, l'Egypte, lasse d'être sous la domination de Byzance, se laisse envahir par les armées du général arabe Omar. En 642, l'Egypte devient une province de l'Empire arabe. Au Xe siècle, les califes fatimides feront du Caire leur riche capitale comme le feront ensuite les Mamelouks.

Après la brève incursion de Napoléon, l'Egypte sera gouvernée par des vice-rois au nom du calife d'Istanbul. Ceux-ci, à partir de Muhammad Ali, tenteront de moderniser un pays resté en partie arriéré. Mais ce sera au prix d'une crise financière qui permettra à l'Angleterre d'établir sa domination sur l'Egypte. Devenue un pays indépendant en 1918, l'Egypte, sous le règne du roi Fouad puis du roi Farouk, ne s'émancipera pas réellement de la tutelle anglaise. L'arrivée au pouvoir du colonel Nasser, qui deviendra un des principaux leaders du monde arabe, marque la réelle indépendance du pays. Ses successeurs, les présidents Sadate et, aujourd'hui, Moubarak, s'attacheront surtout à ramener la paix entre les pays arabes et Israël après la guerre des Six Jours en 1967.

QUI SONT LES COPTES ?

A majorité musulmane, l'Egypte compte aussi une forte communauté chrétienne, les Coptes. Descendants du peuple des pharaons, mulsulmans et chrétiens vivent côte à côte non sans rivalités et tensions.

L'ÉGLISE d'Egypte fut fondée à Alexandrie par saint Marc, vers l'an 40 de notre ère. La nouvelle religion adopta la langue du peuple égyptien de l'époque : le copte et se répandit rapidement dans tout le pays malgré les persécutions romaines. Des pèlerins venaient de partout pour consulter les "pères du désert" retirés dans leurs ermitages.

Lors de l'invasion musulmane, beaucoup d'Egyptiens se convertirent à l'**islam** et adoptèrent la langue arabe, mais une minorité resta fidèle au christianisme ainsi qu'à la langue du pays. Leur nom de Copte est une déformation du mot grec *aiguptos* dont la première lettre ne se prononçait pas en arabe. Souvent opprimés par les princes musulmans et persécutés par les Mamelouks, qui décimèrent la population du pays, les Coptes n'ont jamais renié ni leur foi ni les nombreuses coutumes qu'ils respectent maintenant depuis deux mille ans. Les chrétiens d'Egypte ont leur calendrier et leurs cimetières, distincts de ceux des musulmans.

Mais la vague d'**intégrisme** islamique que connaît l'Egypte aujourd'hui rend à nouveau la cohabitation difficile et fait parfois des Coptes des étrangers dans leur propre pays.

11

QUELLE EST LA CAPITALE DE L'ÉGYPTE ?

En arabe, l'Egypte porte le même nom que sa capitale depuis l'époque des califes : "Masr" que les Européens connaissent sous le nom de "Cairo" ou "Le Caire". C'est aujourd'hui la plus grande ville d'Afrique.

Jusqu'à l'invasion musulmane, Le Caire n'était qu'un hameau sur les rives du Nil. Ensuite, et pendant treize siècles, généraux, gouverneurs d'Egypte, califes fatimides et vice-rois mamelouks se sont succédés pour en faire une des plus grandes et plus belles cités du monde arabe. Palais fastueux, centaines de mosquées aux élégants minarets, souks colorés aux inépuisables richesses y côtoient les belles demeures bourgeoises. Depuis un siècle, Le Caire est devenu une cité moderne, avec ses gares, son métro et ses grandes artères commerçantes, sans perdre son allure pittoresque de métropole orientale, à la fois vieillotte et bourdonnante d'activité.

Cette vie intense contraste curieusement avec les monuments funéraires qui entourent Le Caire, depuis les célèbres pyramides de Gizeh, dans le faubourg ouest, jusqu'aux gigantesques cimetières qui s'étendent vers l'est, où alternent les superbes mausolées des princes musulmans et les caveaux plus modestes des habitants de la ville. Le contraste entre cette splendeur passée et la vie contemporaine est saisissant, d'autant que des centaines de milliers de paysans pauvres, fuyant la campagne mais sans trouver à se loger dans cette métropole de 12 millions d'habitants, en sont réduits à chercher refuge dans les cimetières.

12

OÙ SE TROUVE LE PLUS VASTE DÉSERT DU MONDE ?

Situé en Afrique du Nord, le Sahara s'étend, d'ouest en est, des côtes de l'Atlantique à la mer Rouge. Il couvre environ 8 millions de km².

On imagine souvent le désert comme une vaste étendue couverte à l'infini de dunes aux ondulations sculptées par les tempêtes de sable. Pourtant, c'est également un monde aux paysages infiniment variés où l'on trouve aussi bien d'immenses plaines couvertes de pierres, des montagnes travaillées par l'érosion, comme le mont Sinaï ou encore des dépressions au sol gorgé de sel, vestiges d'anciennes mers aujourd'hui disparues.

Qu'il soit de pierre ou de sable, le désert peut prendre les couleurs les plus diverses, du blanc pur au noir intense, en passant par l'ocre, le brun, le gris ou le mauve, selon la nature des roches. Contrairement à une autre idée reçue, le désert n'est pas toujours synonyme de chaleur torride : la nuit, la température chute de plus de 20° et l'hiver, bien que sec, peut y être très froid.

Enfin, il arrive qu'il pleuve dans le désert. Mais le sol, cuit par le soleil et les longues périodes de sécheresse, n'absorbe que très peu d'eau. Celle-ci ruisselle alors en surface, formant, à la grande surprise du voyageur, des rivières ou même de véritables fleuves : les **oueds**, qui, le temps de jaillir, auront déjà disparu le lendemain après avoir tout emporté sur leur passage.

13

N'Y A-T-IL AUCUNE VIE DANS LE DÉSERT ?

Faute d'humidité suffisante, le désert ne peut pas être cultivé par l'homme. Pourtant cette stérilité n'est qu'apparente. Il existe une réelle vie végétale et animale dans ces étendues qu'on pourrait croire mortes.

PARFAITEMENT bien adaptés au climat, les buissons et les arbustes du désert puisent l'eau dès qu'il pleut et limitent le plus possible leur système d'évaporation pendant les périodes de sécheresse. Ces plantes ont des racines très étendues qui leur permettent de capter l'eau partout où subsiste la moindre trace d'humidité.

Certaines herbes, dont la graine résiste à des années de sécheresse, poussent dès qu'il a plu, formant un maigre tapis d'herbe où se retrouvent les rares gazelles, antilopes et oiseaux de passage. Le désert est peuplé d'insectes et de scorpions, de rongeurs comme le "rat des pharaons" ou la gracieuse **gerboise**. On y trouve aussi le fennec, ou renard du désert, ainsi que le chacal, un chien sauvage. La plupart de ces animaux ne se déplacent que la nuit, évitant les chaleurs insupportables de la journée. Les Arabes qui sont depuis toujours d'habiles chasseurs dressent des faucons et des éperviers à la chasse, considérée comme un sport noble.

Dans cet environnement hostile, les oasis sont de véritables îlots de fraîcheur alimentés par un point d'eau permanent. A l'ombre des palmiers-dattiers, ils abritent de petits jardins, irrigués grâce à la roue à godets ou noria, qui puise et distribue l'eau dans un étonnant réseau de rigoles, entretenues par les habitants de l'oasis.

QU'EST-CE QU'UN BÉDOUIN ?

Si le manque d'eau empêche toute agriculture dans le désert, certains hommes ont pourtant choisi d'y vivre en nomades, poussant leurs troupeaux de points d'eau en pâturages. En Arabie, on les appelle les bédouins.

COMME la plupart des nomades, les bédouins sont des éleveurs : chèvres, moutons et dromadaires sont leurs seules richesses. Le dromadaire, que l'on appelle aussi vaisseau du désert, est utilisé comme moyen de transport. Mais on l'élève aussi pour son lait, sa viande et son cuir. Le poil sert à tisser la toile de la tente sous laquelle s'abrite la famille et où tapis et coffres constituent le seul mobilier.

Les chevaux arabes, superbes pur-sang, sont des montures d'apparat, la fierté des chefs de tribus qui gouvernent la société nomade des bédouins. Habitués au désert, connaissant les pistes et l'emplacement des puits, les bédouins convoient depuis toujours les grandes caravanes, louant leurs dromadaires en même temps que leurs services. Ils organisent ainsi les échanges entre les oasis et les pays riverains du désert. Courageux et endurants, ils peuvent devenir, si la nécessité les y contraint, de redoutables pillards : leurs razzias étaient jadis la terreur des populations sédentaires. Ce sont eux aussi qui ont fourni les vaillants guerriers de la cause musulmane, invaincus pendant un siècle jusqu'à ce que **Charles Martel** les arrête à Poitiers en 732.

Premiers disciples de Mahomet, les bédouins d'Arabie ont beaucoup influencé la morale traditionnelle de l'islam, tout imprégnée des nobles vertus traditionnelles des gens du désert : l'acceptation du destin, la loyauté, la générosité et l'hospitalité sans réserve.

L'ARABIE EST-ELLE UN PAYS ?

L'Arabie, vaste péninsule qui s'étend de la mer Rouge au golfe Persique et du Jourdain à la mer d'Oman, est aussi, sous le nom d'Arabie Saoudite, le plus grand des nombreux royaumes fondés par les Arabes.

PASTEURS nomades, éleveurs de dromadaires et de chevaux ou encore caravaniers, mais aussi pêcheurs dans les régions côtières, commerçants dans les rares villes ou agriculteurs dans les oasis et les montagnes, les Arabes sont longtemps restés divisés en de nombreuses tribus. Elles possédaient chacune leur chef ou **émir**, leur dialecte, leurs coutumes et leur religion. Ce n'est qu'avec la conversion à l'islam et l'adoption de la langue de Mahomet que les Arabes ont formé une nation et sont aussitôt partis à la conquête d'un vaste empire.

Les califes, ou "commandeurs des croyants", ont régné durant tout le moyen âge sur un immense territoire allant de l'Espagne jusqu'au nord de l'Inde. De nombreux pays, devenus musulmans, ont alors adopté la langue et le mode de vie arabes. C'est ainsi que l'Egypte et le **Maghreb**, le pays des Berbères, font désormais partie du "monde arabe" alors que la plupart de leurs habitants ne sont pas de race arabe.

Quant aux Arabes à proprement parler, ils ont formé plusieurs Etats qui entourent l'Arabie Saoudite : la Jordanie, la Syrie, l'Irak dans l'ancien Croissant fertile; le Yémen et Oman sur la côte sud et le long du golfe Persique, ainsi qu'un chapelet de minuscules royaumes riches en pétrole : le Koweït, le Qatar, Bahreïn et les Emirats arabes unis. Indépendants et parfois même rivaux jusqu'à se faire la guerre, ces pays restent profondément unis lorsqu'il s'agit de défendre une civilisation qui leur est commune.

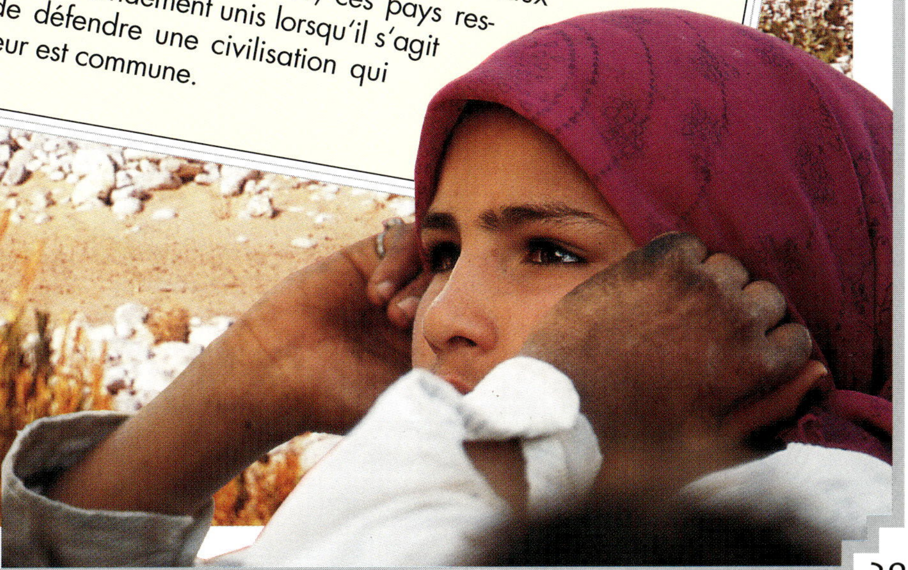

16 QUI ÉTAIT MAHOMET ?

Né près de La Mecque en 571, le prophète Mahomet prêcha la parole de Dieu, qu'il avait entendue dans ses méditations. C'est après sa mort seulement que cette révélation fut consignée dans le Coran, qui devint ainsi le livre sacré des musulmans.

MAHOMET n'est pas Dieu mais un homme à qui Dieu révéla son enseignement. Il est donc un prophète. Marchand de son état, ses voyages en caravane l'avaient conduit dans les pays voisins de l'Arabie. Il y découvrit la Bible et son Dieu unique et pensa qu'une telle religion serait plus appropriée pour son peuple que le culte rendu à l'époque aux idoles.

C'est alors qu'Allah, le Dieu que les musulmans allaient reconnaître, se révéla à lui, lui ordonnant de prêcher sa religion. Mahomet résidait alors à **La Mecque**, le principal sanctuaire d'Arabie, où un petit édifice cubique, la Kaaba, abritait la Pierre noire, une météorite jadis tombée du ciel. Mais les fidèles de La Mecque ne voulurent pas renoncer à leurs idoles et obligèrent le prophète à s'enfuir à Médine en 622. Ce fut "l'hégire", date à partir de laquelle les musulmans comptent les années dans leur calendrier.
A Médine, Mahomet fit de nombreux adeptes. En 630, il rentra triomphalement à La Mecque, détruisit les idoles mais conserva la Pierre noire qui subsiste aujourd'hui au cœur du sanctuaire. Mahomet mourut deux ans plus tard. Sa doctrine fut consignée dans le Coran, le livre sacré des musulmans. De même, le djihad, la guerre sainte qu'il avait engagée contre La Mecque, fut poursuivi pour amener à la "vraie foi" tous les Arabes, puis les peuples voisins et enfin le reste du monde...

17

QUE DOIT FAIRE UN BON MUSULMAN ?

En arabe, islam signifie "soumission à la volonté divine". C'est la première loi d'Allah. Le Coran précise par ailleurs les devoirs religieux des musulmans, dont cinq sont les piliers de la religion islamique.

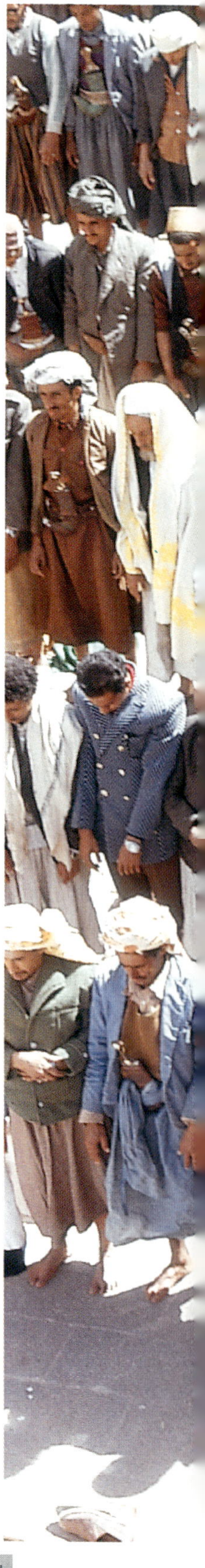

Tout bon musulman se doit de proclamer en toutes circonstances le principal article de la foi en un dieu unique : "Il n'y a pas d'autre Dieu qu'Allah et Mahomet est son prophète." Il doit prier cinq fois par jour : à l'aube, à midi, avant et après le coucher du soleil ainsi que la nuit en se prosternant, tourné vers La Mecque. Ces dévotions se font dans des temples nommés mosquées, surmontés d'une haute tour, le minaret, d'où le **muezzin** appelle les fidèles à la prière.

Tout bon musulman doit jeûner, notamment pendant le mois du ramadan. Durant quarante jours, du lever au coucher du soleil, il ne peut ni manger ni boire. Le Coran interdit en outre la consommation d'alcool et de viande de porc. Tout bon musulman doit aussi faire l'aumône aux pauvres. Enfin il doit au moins une fois dans sa vie effectuer le hadj, le grand pèlerinage rituel à La Mecque.

Ces règles, et bien d'autres devoirs ou interdictions, dictent non seulement une morale personnelle mais ont établi un ordre social et politique basé sur la loi islamique ou charia. Un tel système, que seuls quelques pays arabes appliquent à la lettre, n'autorise ni élections ni parlement pour élaborer et voter les lois. Seule compte la volonté d'Allah, dictée par lui dans le Coran.

18

DEPUIS QUAND COMPTONS-NOUS EN CHIFFRES "ARABES" ?

Au moyen âge, les savants musulmans étaient très en avance sur ceux de l'Occident. C'est pourquoi les chiffres que nous utilisons aujourd'hui, ainsi que de nombreuses inventions et découvertes scientifiques, nous ont été transmis à cette époque par les Arabes.

Les savants arabes qui étudiaient à Alexandrie, Bagdad ou Istanbul avaient recueilli la somme des connaissances léguées par l'Antiquité, qu'ils enrichissaient grâce aux contacts commerciaux avec l'Inde et la Chine.

Grands marchands et voyageurs, les Arabes avaient besoin, pour leurs déplacements par voie de mer ou de terre, de méthodes de calcul efficaces, en astronomie notamment. De même les connaissances géographiques étaient fort utiles pour le développement du commerce et l'établissement des contacts diplomatiques. Aussi, scientifiques et philosophes jouissaient-ils d'un grand prestige. Chaque prince tenait à s'entourer d'une cour brillante et prenait même parfois comme ministres les savants ou les penseurs les plus célèbres de leur temps. Ces mêmes princes dépensaient sans compter pour créer et entretenir des universités où étaient enseignées les mathématiques, l'astronomie et la médecine.

Les **croisades**, le commerce en Méditerranée et la reconquête du sud de l'Espagne sur les **Maures** furent autant d'occasions pour l'Europe médiévale de découvrir l'immense savoir accumulé par les Arabes. Nos chiffres (dont le zéro est la clé d'un système de numérotation beaucoup plus pratique que les chiffres romains) mais aussi l'algèbre, les rudiments de la chimie, l'astrologie nous sont venus des Arabes.

Chiffres des Arabes d'Orient

Chiffres des Arabes d'Occident

Chiffres du XIIe siècle

Chiffres du XIIIe siècle

19

QU'EST-CE QU'UN BOUTRE ?

Le boutre est le bateau traditionnel des pêcheurs et des marchands arabes. Ce peuple, qu'on associe généralement au désert, est aussi un peuple de marins. Pendant plus d'un millénaire, ce sont en effet les Arabes qui ont dominé le trafic maritime entre la mer Rouge et l'océan Indien.

Sindbad le marin, un des héros des contes des **Mille et Une Nuits,** est l'incarnation du courage et de l'esprit d'entreprise de ces commerçants au long cours qui appareillaient depuis les ports d'Ormuz et Bassora dans le golfe Persique, de Mascate ou d'Aden sur la côte sud de l'Arabie et de Djeddah sur la mer Rouge.

C'est à partir de ces ports et grâce à leur science de la navigation que, durant tout le moyen âge, les Arabes ont lancé leurs boutres à la recherche de l'or, de l'ivoire mais aussi des esclaves (essentiellement africains), sans oublier les épices, les bois rares, les joyaux ramenés d'Inde ou de Java et la soie qu'ils achetaient en Chine.

Habiles commerçants, ils vendaient dans ces pays les produits de l'Arabie : l'encens, la myrrhe, la **gomme arabique**, le corail, les perles et les chevaux. Les marchandises rapportées en Arabie étaient vendues dans les **souks**, ces quartiers marchands des grandes villes du Moyen-Orient, toujours célèbres pour le spectacle coloré qu'ils offrent, les arômes exotiques et les interminables palabres. On y marchandait les prix, tandis que mendiants ou contrôleurs officiels réclamaient le bakchich - *aumône* ou *pourboire* - encore de tradition dans l'Orient moderne.

POURQUOI LES FEMMES MUSULMANES PORTENT-ELLES LE VOILE ?

Le port du voile, imposé par Mahomet aux femmes mariées, est un signe de pureté et de modestie. Masquée aux yeux de tous, sauf des membres de sa famille, la femme musulmane ne doit pas attirer le regard des autres hommes.

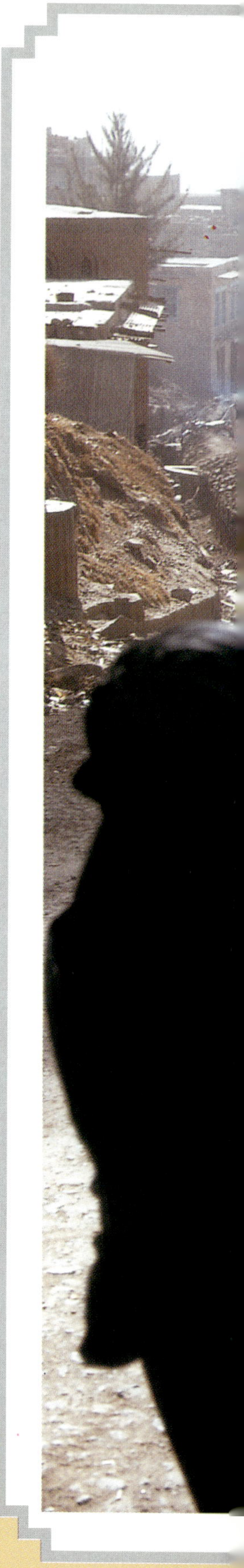

LA culture arabe attache une grande importance à la beauté de la femme. Les poètes musulmans rivalisent d'images pittoresques pour vanter ses charmes. Au paradis d'Allah, ce sont les houris, des femmes d'une grande beauté, qui attendent les bons musulmans.

Le voile, qui avait tendance à tomber en désuétude dans certains pays, redevient aujourd'hui une obligation sous l'influence des intégristes, attachés au respect des traditions. Il va de pair avec la conception du rôle effacé de la femme, respectant un strict devoir d'obéissance vis-à-vis de son père et plus tard de son mari, dans une société dominée par les hommes. Si la **polygamie** est admise (jusqu'à quatre épouses, comme Mahomet), elle a tendance à régresser. Jadis, les princes arabes et les grands marchands fortunés entretenaient un harem où épouses et concubines vivaient telles des recluses dans le luxe et le raffinement.

Le mariage reste la fête familiale la plus importante, scellant l'alliance entre deux familles. La coutume veut encore que les parents choisissent le conjoint et fixent le montant de la dot. Ces fêtes sont l'occasion d'étaler ses richesses par de fastueuses dépenses.

21

QU'APPELLE-T-ON UNE ARABESQUE ?

Mahomet a interdit de représenter Dieu et même l'homme, créé à son image. Aussi les artistes musulmans se sont-ils consacrés à la calligraphie et à la création de motifs décoratifs abstraits : les arabesques.

La calligraphie est l'art le plus répandu dans le monde musulman. Elle a permis de propager, tout en l'embellissant par de savants tracés, la parole divine contenue dans le Coran. L'alphabet arabe a ainsi connu un âge d'or. Les calligraphes travaillaient sur le **parchemin** ou sur le papier que les Arabes importèrent de Chine bien avant les Européens. Mais on retrouve aussi ces calligraphies sculptées dans la pierre, sur les murs des mosquées et des monuments officiels, réalisées en faïence, gravées dans le bois ou sur des plateaux de cuivre...

L'arabesque, l'art de décorer à l'aide de figures géométriques entrelacées, a été poussée jusqu'au raffinement absolu par les artistes et les artisans arabes. Ils ont appliqué ce type d'ornement sur presque tous les matériaux dont ils disposaient : le Maroc a donné son nom à la "maroquinerie" (travail sur cuir) et la ville de Damas, en Syrie, au "damasquiné" (travail sur cuivre). Le climat chaud de leurs pays a aussi amené les Arabes à filer des tissus très légers : fines cotonnades d'Egypte, gaze de Gaza, mousseline de Mossoul, en Irak.

22 QU'EST-CE QUE L'ISLAM AUJOURD'HUI ?

L'islam, l'une des grandes religions dans le monde, regroupe près d'un milliard de fidèles. Mais les pays arabes ne représentent que 15 à 20 % de cette communauté répartie sur trois continents.

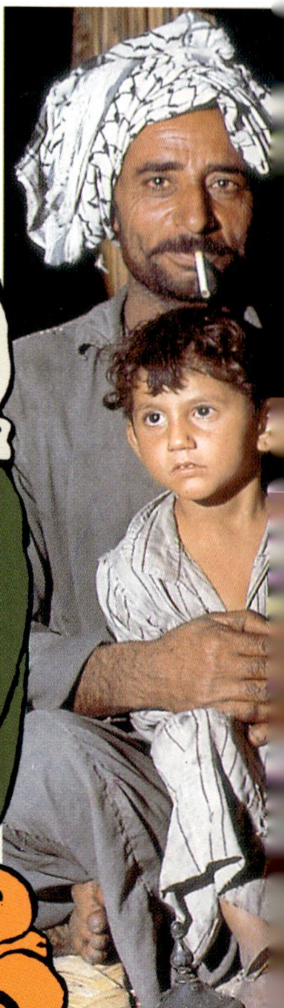

Il ne faut pas confondre "monde arabe" et "monde islamique". Ce dernier comprend des populations aussi diverses que les Albanais et les Turcs, des peuples d'Afrique noire, d'Iran et d'Afghanistan, d'Inde, du Pakistan, du Bangladesh ou encore d'Indonésie. Il faut aussi tenir compte des nombreux musulmans vivant en Chine ou dans les républiques de l'ancienne Union soviétique.

Malgré une grande diversité ethnique, des tensions parfois vives entre mouvements rivaux (**sunnites** et **chiites**) et des conflits entre pays voisins, comme la guerre Iran-Irak, les musulmans s'unissent dès qu'il s'agit de défendre leur foi. Aussi exercent-ils une forte influence dans le monde contemporain. Grâce aux richesses tirées de l'exploitation du pétrole, les pays arabes jouent un rôle prépondérant dans l'évolution du monde musulman, qu'il s'agisse de refuser la domination de l'Europe et des Etats-Unis ou de soutenir l'opposition des Palestiniens à Israël.

Déçue par l'échec de la lutte armée des Palestiniens, désespérée par la lenteur des progrès économiques et l'absence de grandes figures arabes, la population de plusieurs pays musulmans est actuellement sensible à une vague d'intégrisme. Le retour à la tradition religieuse, y compris dans la vie politique et sociale avec l'application stricte de la charia, la loi du Coran, sont des thèmes qui trouvent de plus en plus d'écho...

23

QU'EST-CE QUE L'OR NOIR ?

Jadis, l'Arabie était réputée pour ses épices et ses parfums. Aujourd'hui, le Moyen-Orient est devenu, grâce au pétrole, une des régions les plus riches du monde.

Dans l'Antiquité, on faisait la distinction entre "l'Arabie déserte" et "l'Arabie heureuse", pays où poussaient des plantes aux parfums plus précieux que l'or : l'encens, la myrrhe, mais aussi la rose et le jasmin étaient alors inconnus en Europe. La pourpre et l'indigo étaient aussi très recherchés pour teindre les tissus.

Tout aussi appréciés étaient les fruits et chaque région était réputée pour sa spécialité : les dattes en Irak, les pommes en Syrie, les prunes à Damas, les figues à Jérusalem, les pêches et les abricots en Iran... Plus tard, c'est aussi par l'intermédiaire des pays arabes que l'Europe découvrira les oranges, les artichauts et les épinards, tandis que le monde entier adoptera une petite fève rouge des hauts plateaux du Yémen : le café ! De nos jours, bien sûr, le Proche-Orient tire l'essentiel de ses richesses du pétrole, utilisé autrefois comme teinture médicinale ou combustible pour les lampes. C'est l'invention du moteur à explosion qui en a généralisé l'utilisation comme carburant.

Les premiers pays producteurs de pétrole, l'Iran, l'Irak, l'Arabie Saoudite et les émirats du golfe Persique, sont à la tête d'une richesse fabuleuse. Cette puissance sert, hélas, trop souvent à acheter des armes ou à entretenir le luxe démesuré de quelques familles princières.

QUI A INVENTÉ L'ÉCRITURE ?

Il y a plus de 5 000 ans, les Sumériens fondèrent en Mésopotamie la première d'une suite de brillantes civilisations. Bâtisseurs de grandes cités, habiles agriculteurs, ils ont aussi inventé l'écriture, qui marque l'avènement de l'Histoire.

La Mésopotamie, dont le nom signifie en grec "entre deux fleuves" mérite bien son nom. En effet, c'est une vaste plaine située entre le Tigre et l'Euphrate. Tout comme en Egypte, cette région fertile fut très tôt cultivée; la population devint suffisamment prospère et nombreuse pour que naissent des villes peuplées de commerçants, d'artisans, de médecins et de prêtres versés dans l'astrologie. Leur savoir, gravé sur des tablettes d'argile, est parvenu jusqu'à nous grâce à une écriture appelée **cunéiforme**. On écrivait en appliquant un stylet en forme de clou sur des tablettes d'argile encore molle qui, une fois séchées au soleil, conservaient définitivement cette empreinte.

Si nos minutes et nos secondes se comptent par 60, c'est à cause des calculs des astronomes sumériens, tandis que leurs successeurs, les Chaldéens, nous ont légué la semaine de 7 jours. La Mésopotamie resta durant vingt-cinq siècles un important foyer de civilisation : venus du désert d'Arabie, les Akkadiens puis les Assyriens firent de Babylone une cité célèbre entre toutes et les noms de leurs rois restent fameux : Hammourabi, Nabuchodonosor, Assurbanipal, la reine Sémiramis...

Après mille ans de domination perse, une nouvelle capitale fera encore de ce pays un des centres du monde, lorsque les califes musulmans s'installent à Bagdad et y règnent pendant cinq siècles. Le plus célèbre d'entre eux, Haroun al-Rachid, nous est connu grâce au recueil de contes des Mille et Une Nuits.

QUI ÉTAIENT LES PHÉNICIENS ?

Les Phéniciens étaient un peuple du désert venu s'établir il y a 3 000 ans sur l'actuelle côte libanaise. C'est à eux que l'on doit l'alphabet.

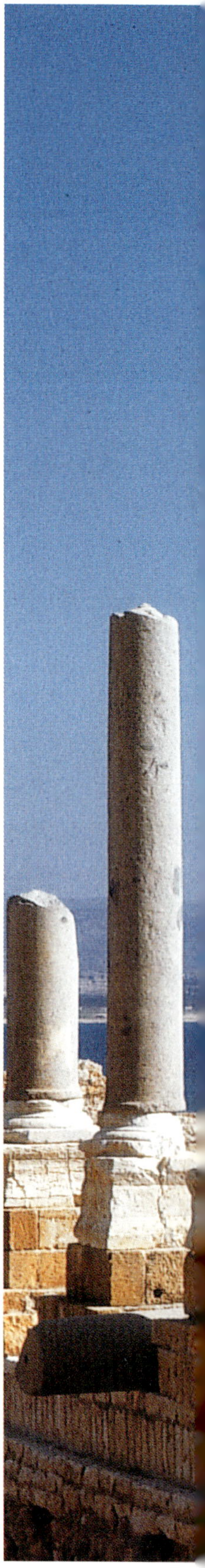

TYR, bâtie sur l'île autour de laquelle se trouvaient les coquillages dont on tirait la **pourpre**, Sidon, où l'on soufflait le verre, et Byblos, connue pour ses papyrus, étaient les grands ports des Phéniciens. Ce peuple avait construit des bateaux très perfectionnés propulsés à l'aide de rames et de voiles, qui emmenaient ses marins en Egypte, en Grèce et en Espagne. Du détroit de Gibraltar, ils s'aventurèrent jusqu'en Cornouailles, au sud de l'actuelle Angleterre, pour y acheter le minerai d'étain qui entrait dans la fabrication du bronze.

Commerçants avisés, les Phéniciens surent, pour tenir leurs comptes, adapter l'écriture cunéiforme inventée par les Sumériens. Transmis aux Grecs puis, par ceux-ci, aux Romains, l'alphabet qu'ils mirent au point reste celui que nous utilisons encore aujourd'hui...
Riches et puissants mais peu guerriers, les Phéniciens finirent par céder devant les légions romaines et disparurent en tant que nation. Leur plus importante colonie, Carthage, sur la côte tunisienne, résista pourtant longuement sous la direction d'un général courageux : Hannibal.
Et lorsque les consuls romains envoyèrent à Rome la nouvelle de leur victoire, c'était en se servant, probablement sans le savoir, d'une invention phénicienne : l'alphabet !

26

QUEL PAYS ÉTAIT APPELÉ "LA SUISSE DE L'ORIENT" ?

Jusqu'en 1946, on avait coutume d'appeler le Liban "la Suisse de l'Orient", en raison de son rôle de plaque tournante du commerce méditerranéen et de la coexistence pacifique entre chrétiens et musulmans.

Au Liban, la géographie est à l'image des peuples. De hautes chaînes de montagnes séparent les plaines de la côte, très fréquentées depuis les Phéniciens, des vallées de l'intérieur, peuplées par les Arabes venus du désert. Le système politique réservait quant à lui une place à chacune des communautés, traditionnellement dominées par les "barons", les chefs des grandes familles, riches et très respectées.

Lors de la création de l'**Etat d'Israël**, ce fragile équilibre fut rompu par l'arrivée de nombreux réfugiés palestiniens. Encouragés par les pays arabes et surtout par la Syrie, dont le Liban avait longtemps fait partie, les Palestiniens s'organisèrent en véritable Etat dans l'Etat, créant leur propre armée contre Israël. Dès 1950 mais surtout en 1975 et 1989, les différentes communautés, chacune dotée d'une milice, se sont affrontées dans une guerre civile sans merci qui a ravagé le pays et sa capitale Beyrouth, décimant la population au cours d'affreux massacres.

Aujourd'hui le Liban, en principe indépendant mais en réalité partagé entre Israël et la Syrie, panse ses plaies et pleure ses morts. Le différend entre Juifs et Arabes, qui ont bien du mal à conclure la paix, continue d'agiter cette région toujours prête à être déchirée par la guerre.

27 POURQUOI JÉRUSALEM EST-ELLE TROIS FOIS SAINTE ?

*Si Jérusalem, capitale d'Israël,
est la cité biblique des juifs,
c'est aussi une ville sainte
pour les chrétiens
et pour les musulmans.*

LES juifs honorent Elohim, dont le nom propre, IHVH, ne peut se prononcer. Il est le Dieu d'**Abraham**, de Moïse et de David. Le livre sacré des juifs est la Bible. La loi (Torah) est commentée par les rabbins dans les synagogues le samedi, jour du sabbat. Un recueil ancien de ces commentaires s'appelle le **Talmud**..

2 500 ans après sa destruction par les Babyloniens, Jérusalem reste pour les Juifs la ville du temple de **Salomon**, symbole de leur nation et de leur religion ; le "mur des Lamentations" et l'esplanade du temple en sont les derniers vestiges. Pour les chrétiens, Jérusalem est le lieu de la mort et de la résurrection du Christ, que rappelle la basilique du Saint-Sépulcre, tandis que l'esplanade du temple et ses mosquées évoquent pour les musulmans l'ascension au ciel du prophète Mahomet. Après la dispersion des Juifs sous l'Empire romain, chrétiens et musulmans se sont disputé la Terre sainte au cours des croisades du moyen âge. Les croisés — ce nom leur est venu de la croix rouge brodée sur la tunique des chevaliers — se lancèrent à la reconquête des lieux saints, qu'ils n'ont occupés que peu de temps.

Aujourd'hui, de cruels affrontements opposent les Juifs revenus sur la terre de leurs ancêtres aux habitants arabes, les Palestiniens. Divisée entre les deux communautés lors de la création de l'Etat d'Israël en 1948, Jérusalem est entièrement occupée par les Israéliens depuis la guerre de 1967, ce qui soulève de véhémentes protestations de la part des pays musulmans et donne lieu à de fréquents attentats.

LES JUIFS ONT-ILS TOUJOURS VÉCU EN ISRAËL ?

Souvent dominés, déportés ou opprimés par des peuples conquérants, la plupart des Juifs quittèrent leur pays d'origine au début de notre ère. Ce n'est qu'après la Seconde Guerre mondiale qu'ils y sont retournés pour fonder un nouvel Israël.

Ce sont les douze tribus du peuple hébreu, les Juifs, venus du désert voici 3 500 ans, qui ont fondé Israël dans le pays de Canaan, la "Terre promise" en Palestine. Mais cette région que se disputaient les puissants empires d'Egypte et d'Assyrie fut habitée par d'autres peuples : les Araméens, les Philistins ou encore les Samaritains. Aussi, le peuple juif a-t-il connu une histoire troublée durant laquelle les règnes paisibles de David ou de son fils Salomon ne furent que des intermèdes entre deux exils. Peu après l'époque du Christ, les persécutions des Romains amenèrent les Juifs à s'exiler aux quatre coins du monde : c'est ce qu'on appelle la diaspora.

Commerçants, artisans ou banquiers dans les villes, mais aussi paysans, les Juifs furent souvent rejetés par les chrétiens et les musulmans. Ils furent alors chassés de certains pays, regroupés en **ghettos** dans d'autres, voire massacrés lors des pogroms d'Europe centrale ou dans les camps d'extermination nazis, pendant la Seconde Guerre mondiale.

Ces terribles épreuves supportées grâce à sa cohésion accentuèrent le désir du peuple juif de revenir sur la terre de ses ancêtres. Ainsi naquit un mouvement appelé le sionisme, du nom de Sion, autre nom de Jérusalem. Dès 1895, mais surtout après 1945, ce mouvement encouragea les Juifs du monde entier à revendiquer le droit de rentrer en Palestine et d'y fonder leur Etat. En 1948, des millions de Juifs quittant l'Europe ou l'Afrique du Nord retournèrent en Palestine pour y créer l'actuel Etat d'Israël.

29 LES PALESTINIENS ONT-ILS UN PAYS ?

Venus s'installer en Palestine après le départ des Juifs, un grand nombre d'Arabes palestiniens ont fui leur pays lors de la création de l'Etat d'Israël et se sont réfugiés en Jordanie, au Liban et dans divers pays arabes.

Longtemps plus nombreux que les quelques Juifs restés en Palestine, les Palestiniens ont bientôt été débordés par l'afflux et le dynamisme des colons juifs qui, revenus dès les années 30, achetaient leurs terres grâce aux fonds envoyés par les Juifs du monde entier. Ils les mettaient alors en valeur et fondaient de petites communautés agricoles, les kibboutz. Les pays arabes, attachés à cette terre, refusèrent tous les plans proposés par l'Angleterre puis par l'ONU pour partager le pays entre Juifs et Arabes. Aussi, entrèrent-ils en guerre contre l'Etat d'Israël dès sa création en 1948. Mais la détermination de l'armée israélienne permit d'occuper les deux parties de la Palestine, la Cisjordanie et la région de Gaza, réservées par l'ONU aux Arabes.

Les Arabes, tout comme les chrétiens palestiniens restés sur place, ripostèrent contre la domination israélienne par des émeutes et des attentats terroristes en se regroupant dans diverses organisations. La plus importante est l'OLP (Organisation de libération de la Palestine) dont le leader est Yasser Arafat. Malgré la paix conclue en 1978 à Camp David entre le président égyptien Sadate et l'Israélien Begin, la cohabitation des Juifs et des Arabes dans cette région du monde reste très conflictuelle et les violences commises par les extrémistes des deux camps rendent très fragiles les pourparlers de paix actuellement en cours.

30

D'OÙ VIENT LE NOM DE LA MER MORTE ?

Entourée de déserts torrides et sujette à une forte évaporation, la mer Morte n'a aujourd'hui presque plus d'eau. Sa teneur en sel est si élevée que même les poissons n'y résistent pas.

GORGÉE de sel mais aussi de soufre et de bitume qui se répandent sur les rives, l'eau de la mer Morte a un goût détestable pour les animaux comme pour les hommes. Sa densité est telle que le corps humain ne s'y enfonce pas mais flotte à la surface.

Pourtant ces paysages stériles, entre les déserts du Néguev et du Nefud, n'ont pas toujours été inhabités. Vers l'époque du Christ, la secte juive des Esséniens s'était réfugiée dans les grottes bordant le rivage. On y a retrouvé récemment leurs livres sacrés, les fameux "**manuscrits de la mer Morte**" qui permirent aux archéologues de révéler des variantes inconnues de la Bible et de confirmer son exactitude.

Dans ces régions, les retraites religieuses en plein désert sont de tradition. Jésus, lui-même, ne s'y retira-t-il pas pendant quarante jours comme le dit l'Evangile ? L'habitude perdure tant chez les chrétiens d'Orient que chez les musulmans. Lointains héritiers des Pères du désert, certains anachorètes ("ceux qui se tiennent à l'écart") se retirent encore aujourd'hui pour méditer et prier dans le désert d'Egypte ou celui du Sinaï, non loin de la mer Morte. Ainsi, les moines du couvent Sainte-Catherine vivent-ils depuis quinze siècles sur les pentes du Sinaï, la montagne sainte où Moïse reçut de Dieu les Dix Commandements respectés par les trois grandes religions monothéistes : le judaïsme, le christianisme et l'islam.

A

ABRAHAM : patriarche biblique. Père d'Isaac qui est lui-même père de Jacob. C'est par ses fils, Ismaël dont la mère Agar est arabe, et Isaac, dont la mère Sara est juive, qu'il apparaît traditionnellement comme l'ancêtre des Arabes et des Juifs.

B

BARRAGE D'ASSOUAN : à proximité de la première cataracte du Nil en Haute-Egypte. Un lac artificiel est d'abord construit en 1902 par les Anglais. Un second barrage gigantesque a été construit avec l'aide soviétique à 6,5 km en amont. Il retient plus de 150 milliards de m^3 d'eau dont 1/6 se perd par évaporation.

C

CHAMPOLLION (JEAN-FRANÇOIS) : égyptologue français (né à Figeac en 1790, mort à Paris en 1832). C'est le texte de la pierre de Rosette composé en hiéroglyphes, grec et démotique, et celui d'une fresque de Philae qui l'amènent à déchiffrer l'ancienne écriture égyptienne.

CHIITE : "qui prend le parti d'Ali". Mouvement politique et arabe qui contestait la légalité de la succession du prophète, au profit d'Abû Bakr et au détriment d'Ali, cousin et fils adoptif de Mahomet.

CROISADES : expéditions entreprises par les chrétiens coalisés pour délivrer les Lieux saints qu'occupaient les musulmans.

CROISSANT FERTILE : bande étroite en forme d'arc de cercle partant de l'est de la Méditerranée (Israël - Liban), s'élargissant vers le nord (Syrie), puis s'orientant vers le sud-est (plaines du Tigre et de l'Euphrate, en Irak) pour rejoindre le golfe Persique. Cette appellation, surtout historique, fait référence aux puissants empires de Babylonie, d'Assyrie et de Phénicie.

CUNÉIFORME : "qui a la forme d'un coin". Ecriture formée de signes en clous diversement combinés.

D

DÉMOTIQUE : de dêmos "peuple". Se dit de l'écriture cursive, simplifiée et populaire à partir du VIIe siècle av. J-C.

E

ÉGYPTOLOGIE : étude de l'Antiquités égyptienne.

ÉMIR : titre honorifique donné aux chefs du monde musulman : princes, gouverneurs, chefs militaires.

ÉTAT D'ISRAËL : cet Etat est l'aboutissement de l'immigration juive en Palestine. C'est l'Assemblée générale des Nations unies qui décida, en novembre 1947, le partage du pays en deux Etats : un Etat arabe et un Etat juif. Cette décision entraîna une extension de l'affrontement entre les deux communautés et l'exode de la population arabe palestinienne.

G

GERBOISE : petit rongeur à pattes antérieures très courtes, à pattes postérieures et queue très longues, qui lui permettent de se tenir debout comme le kangourou, et de faire des bonds.

GHETTO : quartier d'une ville où les Juifs étaient forcés de résider, séparés du reste de la population.

GOMME ARABIQUE : provenant de diverses espèces d'acacias des régions chaudes et désertiques. Sert à la fabrication de pâtes pectorales, sirop et comprimés.

H

HATCHEPSOUT (1505-1484 AV. J.-C.) : reine d'Egypte de la XVIIe dynastie. Elle mena une politique pacifiste et fit construire le célèbre temple à terrasse de Deir el-Bahari. Après sa mort, Touthmosis III persécuta sa mémoire et fit disparaître son nom de tous les monuments.

I

IHVH : le nom de Dieu est imprononçable; certains le transcrivent *Yahvé* , d'autres *Jéhovah* (en appliquant aux consonnes de base IHVH, les voyelles du nom utilisé par les juifs pour désigner Dieu : *Elohim.*)

INTÉGRISME : attitude des religieux qui se réclament de la tradition et refusent toute évolution.

ISLAM : nom de la religion prêchée par Mahomet. Celui qui y adhère est appelé "musulman".

L

LA MECQUE : c'est le plus grand centre de pèlerinage de l'islam. La ville, berceau du prophète Mahomet, est interdite aux non-musulmans.

M

MAGHREB : "lieu où le soleil se couche". Nom donné à l'ensemble de l'Afrique du Nord compris entre la Méditerranée et le Sahara, l'océan Atlantique et le désert de Libye.

MANUSCRITS DE LA MER MORTE : ces manuscrits découverts en 1946 (grottes de Qumrân) constituent la bibliothèque des Esséniens et permettent de comprendre la vie de cette communauté et sa doctrine. On y a trouvé les plus anciens manuscrits connus de la Bible (IIe siècle av. J-C).

MARTEL (CHARLES) : fils de Pépin de Herstal et père de Pépin le Bref, il unifia l'Etat mérovingien, arrêta les musulmans à Poitiers et fit reconnaître sa suzeraineté à l'Aquitaine et à la Provence. Son nom de Martel (marteau) lui fut donné à cause de l'énergie qu'il déploya pour imposer sa politique.

MAURES : actuellement les populations du Sahara occidental vivant en Mauritanie. Le mot a longtemps désigné en Occident les Berbères, notamment les conquérants de l'Espagne.

MÉSOPOTAMIE : (du grec *mesos* "milieu" et *potamos* "fleuve"). Vaste région comprenant les vallées du Tigre et de l'Euphrate. Berceau de la civilisation suméro-akkadienne, elle constitue la majeure partie de l'actuel Irak.

MILLE ET UNE NUITS : recueil de contes arabes. Œuvre anonyme, probablement élaborée par des générations de conteurs populaires.

MUEZZIN : fonctionnaire religieux musulman attaché à une mosquée et dont la fonction consiste à appeler du minaret les fidèles à la prière.

N

NATRON : carbonate naturel de sodium cristallisé.

NÉFERTITI : seconde moitié du XIVe siècle av. J.-C. Reine d'Egypte, femme du pharaon Aménophis IV connu sous le nom d'Akhenaton. Elle participa à la révolution religieuse accomplie par son mari et resta fidèle au culte d'Aton après la mort de celui-ci.

O

OBÉLISQUE : pierre levée en forme d'aiguille quadrangulaire surmontée d'un pyramidion. Un obélisque de Louksor est érigé place de la Concorde à Paris.

OUED : mot arabe qui signifie "cours d'eau". Rivière d'Afrique du Nord. Cours d'eau temporaire dans les régions arides.

P

PARCHEMIN : peau d'animal (mouton, agneau, chevreau) préparée spécialement pour l'écriture.

POLYGAMIE : organisation sociale qui reconnaît comme légitimes les unions multiples et simultanées.

POURPRE : matière colorante d'un rouge vif, extraite d'un mollusque (le murex) et utilisée par les Phéniciens, les Grecs et les Romains.

S

SALOMON (VERS 972-931 AV. J.-C.) : roi d'Israël, fils de David et de Bethsabée. Son règne marque l'apogée de la puissance d'Israël.

SCRIBE : personnage essentiel de l'administration égyptienne dont la tâche était de lire et de rédiger des actes administratifs, religieux ou juridiques.

SÉDENTAIRE : qui ne quitte guère son domicile.

SOUK : marché couvert réunissant des boutiques et des ateliers dans un dédale de ruelles.

SUNNITE : qui suit la "sunna", la tradition. Musulman qui se considère orthodoxe par rapport au chiite.

T

TORAH : (mot hébreu "doctrine", "loi"). Nom que les Juifs donnent au Pentateuque (les cinq premiers livres de la Bible), à la loi de Moïse. Désigne aussi le rouleau de parchemin enroulé autour de deux baguettes et portant le texte du Pentateuque.

TOUTÂNKHAMON (1354 AV. J.-C.) : pharaon de la XVIIIe dynastie. Gendre d'Aménophis IV auquel il succéda très jeune. Il abolit le culte d'Aton et rétablit la religion officielle. Il mourut à vingt ans après un règne obscur. Sa tombe, découverte en 1922 dans la Vallée des Rois, est l'une des seules dont les trésors aient été préservés.

U

UNESCO : Organisation des Nations unies pour l'éducation, la science et la culture.

chronologie

	4000	
Premières villes. Sumer (Mésopotamie), temples, écriture cunéiforme (v. 3700)		
	3000	
Les premiers pharaons unifient l'Egypte Naissance des hiéroglyphes (vers.3100) Construction des grandes pyramides (2589-2500)		Constructions mégalithiques à Stonehenge (Angleterre).(env. 2759)
	2000	
Construction de la Vallée des Rois à Louxor début de l'âge de bronze (vers. 2000) Les Ramsès : temples de Karnak et Abou-Simbel.(vers 1300) Exode des Juifs d'Egypte		Fondation de Mycènes (1350)
	1000	
Les Assyriens détruisent Babylone (689) Alexandre le Grand fonde Alexandrie en Egypte (332)		La démocratie naît à Athènes (461) Conquête de la Gaule par César.(59)
	0	
Défaite de Cléopâtre qui livre l'Egypte à l'Empire romain (30) Les Juifs sont chassés de Jérusalem : début de la diaspora (132-135)		Clovis fondateur de l'Empire franc (481)
	500	
Mort de Mahomet (632) Scission de l'Islam entre Sunnites et Chiites (657)		Charles Martel bat les musulmans à Poitiers. (732)
	1000	
Prise de Jérusalem par les Croisés (1099)		Marco Polo voyage en Chine (1271-1295)
	1500	
Campagne d'Egypte de Napoléon (1798) Construction du Canal de Suez (1858-1869)		Révolution française (1789)
	1900	
Fondation de l'Etat d'Israël (1947) Avènement de Nasser en Egypte (1954) Construction du barrage d'Assouan (1960-1971) l'Irak envahit le Koweit (1990)		Holocauste des Juifs d'Europe sous Hitler (1942-1945) Création de la CEE (1957)

L'ÉGYPTE

Capitale : Le Caire
Superficie : 1 000 000 km^2
Population : 54 800 000 habitants

index